www.ingramcontent.com/pod-product-compliance
Lightning Source LLC
Chambersburg PA
CBHW071217220526
45468CB00002B/642
* 9 7 8 1 7 2 2 2 1 7 4 2 6 *